清史稿

趙爾巽等撰

第二〇册

卷一七二至卷一七三（表）

中華書局

清史稿卷一百七十二

表十二

諸臣封爵世表五上

	一等男
初封	孫塔 鑲藍旗滿
一次襲	馬錫泰 孫塔
二次襲	吳爾希 馬錫
三次襲	德彝 吳爾希子。
四次襲	達桑阿 德彝
五次襲	
六次襲	
七次襲	
八次襲	
九次襲	
十次襲	
十一次襲	
十二次襲	
十三次襲	
十四次襲	
十五次襲	
十六次襲	
十七次襲	
十八次襲	

洲。天聰八年，以辦事有能，授牛彔章京。順治二年，軍功加至三等甲喇章京。五年，考

子。康熙五年正月襲。二十五年六月，積軍功加至一等精奇尼哈番。今漢文改爲一

泰子。康熙三十年五月，襲一等子。

康熙六十年八月，降襲一等阿思哈尼哈番。今漢文改爲一等男。

子。乾隆五年十二月襲。坐事革。子扎勒杭阿降襲。

績，加爲二等。順治九年正月，恩詔加至三等阿思哈尼哈番。十五年三月，以監造勤

等子。

慎，加爲二等。康熙三年十一月，以軍功加至一等阿思哈尼哈番。今漢文改爲一等

一等男	
李思忠 正黃旗漢軍。天聰八年，以軍功授一	男。四年十二月，卒。謚襄忠。
塞伯理 李思忠子。順治十一年三月襲。	
李鋑 塞伯理子。康熙十五年六月襲。	
李鑄 李鋑弟。康熙二十三年十一月襲。坐事革。	
李景唐 李思忠三世孫。雍正八年五月，降襲	
李景虞 李景唐弟。雍正十三年二月襲。	
李周德 李景虞堂叔。乾隆十年九月襲。	
九容 李周德子。乾隆十七年十二月襲。	
台補 九容子。乾隆四十三年十二月襲。以病罷	
那達納 台補從姪。乾隆四十九年十二月襲。	
承啓 那達納子。	
富達那 承啓族叔。	
阜保 富達那子。	
穆通阿 阜保族叔。	
恩啓 穆通阿子。	
恆昌 恩啓子。	
李志福 恆昌弟。	

等甲喇章京。九年，以增益丁壯功，加至三等梅勒章京。順治九年正月，恩詔加至一

三等阿思哈尼哈番。今漢文改爲三等男。坐事革。

爵。

	一等男
等阿思哈尼哈番。今漢文改爲一等男。	綽爾門 鑲黃旗蒙古。崇德元
	隆古 綽爾門子。順治七年四月
	阿喇納 隆古子。康熙九年二
	畢禮克 阿喇納弟。康熙十八
	布達禮 畢禮克兄。康熙三十七年
	色勒 布達子。康熙三十九年四
	畢禮克 色勒叔父。康熙四十
	烏爾圖那蘇圖 畢禮
	德福 烏爾圖那蘇圖孫。乾隆十

年五月，以率戶口來歸，授一等梅勒章京。順治四年，以軍功加半個前程。今漢文改

襲。恩詔准世襲罔替。十三年閏五月，以軍功加爲三等精奇尼哈番。今漢文改爲三

月，襲三等子。

年八月襲。以不及解退。

六月襲。

月襲。

二年復襲。

克子。康熙五十九年四月襲。

二年十二月襲。二十四年革。無襲。

一等男		
雅賴	正白旗滿洲。崇德八年，積軍功授牛彔章京。順治七年，恩	爲一等男。
華色	雅賴子。康熙三年七月襲。坐事革。	等子。
安圖	華色子。康熙三十三年七月襲。坐事革。	
安扎	安圖弟。康熙三十九年十二月，降襲三等阿思哈尼哈番。	
富清	安扎子。康熙四十四年二月襲。	
阿爾金	富清叔父。康熙四十四年八月襲。	
九格	阿爾金子。康熙五十四年十二月襲。	
普扎保	九格子。乾隆三十四年十二月襲。	
普康	普扎保子。乾隆四十二年十二月襲。	
豐勝阿	普康子。乾隆五十七年襲。	
德保	豐勝阿子。	
德啓	德保弟。	
麟壽	德啓子。同治八年襲。	

詔加爲三等阿達哈哈番。八年二月，封二等阿思哈尼哈番。九年正月，恩詔加至一
今漢文改爲三等男。

等。今漢文改爲一等男。

一等男

葛爾沁	鑲白旗蒙古。崇德八年，襲叔父阿爾
鄂爾輝	葛爾沁子。康熙九年五月襲。
馬爾圖	鄂爾輝孫。康熙二十五年五月襲。
栢起	馬爾圖父。康熙四十二年七月，降襲二等
鄂爾德尼	栢起孫。康熙五十七年十二月

沙庫墨勒根之一等甲喇章京。順治九年正月，恩詔加至二等阿思哈尼哈番。軍功

阿思哈尼哈番。今漢文改爲二等男。

襲。坐事革。後降襲。

一等男	
路什鑲黃旗滿洲。順治二年，以	加至一等。今漢文改爲一等男。卒。諡襄敏。

軍功授二等甲喇章京。九年正月，恩詔加至三等阿思哈尼哈番。十七年七月，軍功

	一等男
加爲二等。陣亡，晉贈一等。今漢文改爲一等男。	哈什屯　鑲黃旗滿洲。順
	米思翰　哈什屯子。康熙
	李榮保　米思翰子。康熙

治二年，以勤勞授牛彔章京。四年，加至二等甲喇章京。尋加爲一等。恩詔加一拖沙

三年五月襲。十三年十二月，卒。諡敏果。乾隆十三年五月，贈一等承恩公。

十四年四月襲。坐事革。乾隆二年十二月，贈一等承恩公，諡壯愍。

喇哈番。緣事降爲拜他喇布勒哈番。特恩復賜原職。九年正月，恩詔加至一等阿思

	一等男
哈尼哈番。今漢文改爲一等男。贈見外戚封爵。	金礪 鑲紅旗漢軍。天聰八
	金俊 金礪弟。順治十八年
	金聲振 金俊子。康熙六
	金鐸 金俊子。原名金洪振。

年十一月，封二等梅勒章京。順治九年正月，恩詔晉至一等阿思哈尼哈番。今漢文

襲。

年九月襲。

康熙二十三年十一月襲。子降襲。

	改爲一等男。十八年。卒。

一等男	
孫思克	正白旗漢軍。康熙三十一年，以功授
孫承運	孫思克子。康熙三十九年八月襲。
孫承恩	孫承運弟。康熙四十五年十月襲。
吉福	孫承恩子。雍正十一年十一月襲。
孫惟中	吉福子。乾隆十五年十二月襲。
慶麟	孫惟中子。乾隆四十八年十二月襲。
慶長	孫思克之三世孫。
彭壽	慶長子。
銳齡	彭壽子。
麟輝	銳齡子。光緒二十七年襲。

拜他喇布勒哈番。十六年，軍功加一拖沙喇哈番。三十九年，卒。特恩加贈一等阿

	一等男
思哈尼哈番。今漢文改爲一等男。	黑東格 正黃旗滿洲。太祖時，率五
	尼馬禪 黑東格弟。緣事革。

一等男	
碩詹	正紅旗滿洲。初	十五人來歸，以功授一等副將。今漢文改為一等男。
達色	碩詹孫。康熙三	
法色	達色伯父之子。	

以勤愼授備禦。積軍功加至一等甲喇章京。順治九年正月，恩詔加至一等阿思哈
年，分襲二等阿達哈哈番。陣亡。今漢文改爲二等輕車都尉。
康熙二十二年十月，以本身之二等阿達哈哈番，襲達色職，併爲一等阿思哈尼哈

尼哈番。緣事降。十年正月，事白，復授一等阿思哈尼哈番。今漢文改爲一等男。

番。因達色陣亡，又加一拖沙喇哈番。今漢文改爲一等男，又一雲騎尉。

一等男	
席特庫	鑲藍旗滿洲。天聰八年，以辦事有能，授牛彔章京。順治四年，積
塞爾古德	席特庫子。康熙五年六月襲。
生格特	塞爾古德子。康熙十四年閏五月襲。
蘇丹	生格特子。康熙二十八年二月襲。
楚庫	蘇丹子。康熙三十八年閏七月襲。子降襲。

軍功加至一等甲喇章京。九年正月，恩詔加至一等阿思哈尼哈番。今漢文改爲一

	一等男
等男。	慕克譚 鑲藍旗滿洲。國初以軍功授三等梅勒章京。陣亡，加贈爲
	艾音塔睦 慕克譚子。天聰八年五月襲。順治九年正月，恩詔加

一等男	
恩格圖　正紅	一等。今漢文改爲一等男。追謚忠勇。
克什圖　恩格	至二等精奇尼哈番，軍功至一等。今漢文改爲一等子。
鄂爾濟圖	
關保　鄂爾濟圖	
伍十　關保子。康	
廣福　伍十承繼	
慶亮　廣福子。乾	

旗蒙古。原係備禦。天聰八年，以軍功加至三等甲喇章京。課績加爲二等。積軍功加
圖兄之子。順治七年三月襲。九年正月，恩詔加至三等精奇尼哈番。十八年，將原襲
恩格圖子。順治十八年五月，仍襲一等阿思哈尼哈番。今漢文改爲一等男。
子。康熙三十一年正月襲。
熙四十六年二月，降襲二等阿思哈尼哈番。今漢文改爲二等男。
子。乾隆八年十二月襲。
隆五十一年十二月襲。

至二等阿思哈尼哈番。順治七年十二月，恩詔加爲一等。今漢文改爲一等男。
之一等阿思哈尼哈番襲於恩格圖子鄂爾濟圖，止留本身所得之拜他喇布勒哈

一等男		
綽拜	鑲白旗蒙古。天聰八年，以辦事有能，授牛	
齊墨格圖	綽拜子。順治十年正月襲。	番。今漢文改爲騎都尉。
常保	齊墨格圖子。康熙三年十二月襲。	
巴圖	常保子。康熙二十二年十二月襲。乾隆十	

彔章京。順治二年，積軍功加至一等甲喇章京。九年正月，恩詔加至一等阿思哈尼

五年，銷去恩詔所得，加一等輕車都尉兼一雲騎尉，由伊子貢楚達襲。

	一等男
哈番。今漢文改爲一等男。	
	張仲第 正黃旗漢軍。天聰八年，襲父張世爵
	張應慧 張仲第子。康熙十六年四月襲。
	張松齡 張應慧子。康熙二十二年九月襲。子

之三等甲喇章京。軍功加至一等，恩詔加一拖沙喇哈番。順治八年正月，軍功加至
張英　降襲一等輕車都尉。

三等阿思哈尼哈番。九年正月，恩詔加至一等。今漢文改爲一等男。康熙十五年，卒。

一等男

朱瑪喇	正白旗滿洲。天聰八年，以辦事有能，授牛彔章京。軍功加至二
伊瑪喇	朱瑪喇弟。順治十年三月襲。
滿色	伊瑪喇子。康熙三十七年襲。軍功加一拖沙喇哈番。今漢文改爲一
滿丕	滿色子。乾隆六年，銷恩詔所加，襲三等男。二十一年，銷滿色軍功所

等甲喇章京，課續加爲一等。恩詔加至一等阿思哈尼哈番。今漢文改爲一等男。

等男，又一雲騎尉。

加，從子清德降襲。

一等男

集雅漢瞻	正黃旗蒙古。崇德元年五月，以來歸授一等梅勒章京。今
巴特瑪	集雅漢瞻子。順治元年六月襲。
阿穆護朗	巴特瑪子。順治九年五月襲。
多爾濟	阿穆護朗子。康熙二十年十月襲。
崇林	多爾濟子。康熙四十七年六月襲。
富勒渾	崇林子。乾隆十二年襲。
索諾木扎史	富勒渾子。乾隆四十六年襲。

漢文改為一等男。	

一等男

鄧長春	鑲黃旗漢軍。崇德元年五月，同祖大壽投
鄧志琳	鄧長春子。順治十年八月襲。
鄧其瑋	鄧志琳子。康熙二十七年六月襲。後降襲。

誠，授三等梅勒章京。軍功加爲二等。緣事降爲一等甲喇章京。順治九年正月，恩詔

	一等男
加至一等阿思哈尼哈番。今改漢文爲一等男。	色棱鑲紅旗蒙古。崇德元

一	
阿尹	年五月，自察哈爾率戶口來歸，授一等梅勒章京。今漢文改爲一等男。

等男

祿哈	鑲黃旗滿洲。原係科爾沁扎魯特貝子。崇德五年，以來歸授三等甲喇章
濟納	阿祿哈孫。康熙二十年七月襲。後降襲。

京。順治二年，以定鼎燕京，加爲二等。九年正月，恩詔加至一等阿思哈尼哈番。今漢

一等男	
覺羅瓦爾馬	鑲藍旗滿洲。順治元年，襲
覺羅蘇爾馬	覺羅瓦爾馬子。順治十七
覺羅郎湯	覺羅蘇爾馬子。康熙二十二年
覺羅馬克蘇	覺羅郎湯叔祖。康熙二十
覺羅佛寧峩	覺羅郎湯弟。康熙三十一

文改爲一等男。卒。諡勤僖。

父覺羅葉穆濟之半個前程。四年，特恩加爲牛彔章京。七年，恩詔加一拖沙喇哈番。
年七月襲。康熙二十二年四月，坐事革。
六月襲。坐事革。
二年九月襲。三十年十二月，罷爵。
年二月襲。乾隆元年十二月，卒。子降襲。

尋併叔父之子覺羅馬克圖之二等阿達哈哈番，襲爲三等阿思哈尼哈番。九年正

一等男	
阿哈泰正白旗蒙古。順治二	月，恩詔加一等。至今漢文改爲一等男。
特穆爾阿哈泰子。康熙十八	

年，以來歸授牛彔章京。恩詔加至二等阿達哈哈番。康熙四年，併伯父之子星南之
年六月襲。後降襲。

一等	
希爾	二等阿達哈哈番，襲一等阿思哈尼哈番。今漢文改爲一等男。
商世	
杜太	

男

根	正黃旗滿洲。順治三年四月，積軍功授三等梅勒章京。緣事降三等阿達哈哈
泰	希爾根孫。康熙十八年十月襲。
商世	泰子。康熙二十七年十一月襲。子降襲。

番，恩詔加爲二等。事白，加爲一等。九年正月，恩詔加至二等阿思哈尼哈番。緣事降

	一等男
爲三等,軍功仍加爲二等。事白,加爲一等。今漢文改爲一等男。	白爾黑

圖

正白旗滿洲。順治三年，積軍功授牛彔章京。恩詔加至一等阿達哈哈番。康熙三年二月，以軍功加至一等阿思哈尼哈番。今漢文改爲一等男。卒。謚忠勇。

一等男

阿哈尼堪	鑲黃旗滿洲。順治四年,積軍功授一等甲喇章京。九年正
噶爾哈圖	阿哈尼堪子。原係三等阿達哈哈番。順治九年四月襲。

月，恩詔加至一等阿思哈尼哈番。今漢文改爲一等男。卒。

一等男

吳	喇	禪	鑲紅
胡	喇	禪	吳喇
朱	痲	喇	胡喇
朱	承	格	朱痲

旗滿洲。順治四年，襲父洪尼牙喀之二等甲喇章京。恩詔加爲一等。軍功加一拖沙
禪子。康熙六年十二月襲。
禪叔父。康熙二十二年十一月襲。
喇子。康熙四十三年，銷恩詔所得，襲三等男。乾隆七年，又銷吳喇禪所得兩雲騎尉，

喇哈番。九年正月，恩詔加至二等阿思哈尼哈番。十四年九月，軍功加至一等。今漢

降一等輕車都尉。

一等男		
蘇拜	正白旗滿洲。順治五年六月，積軍功授三等精奇尼	文改為一等男。
昂安霸	蘇拜子。康熙四年二月襲。	
和山	昂安霸子。康熙三十年十一月襲。	
徐常	和山兄。康熙四十三年十二月襲。	
阿爾泰	徐常子。康熙六十一年九月襲。雍正十二年二	
馬爾泰	阿爾泰子。雍正十二年二月襲。	
伊立布	馬爾泰子。乾隆十六年十二月襲。	
穆克德克	伊立布子。乾隆三十一年十二月襲。	
舒隆安	穆克德克子。	
延煦	舒隆安繼子。	
恩銘	延煦子。	

哈番，恩詔加爲二等。十六年三月，緣事降一等阿思哈尼哈番。今漢文改爲一等男。

月，坐事革。

一等男	
鄂莫格圖 正藍旗滿洲。順治五年，積軍功授一等阿達哈	卒。諡勤僖。
超思奇 鄂莫格圖子。康熙十二年九月襲。	
瑚什呑 超思奇子。康熙三十四年九月襲。乾隆十四年，銷去	

哈番，又一拖沙喇哈番。九年正月，恩詔晉至一等阿思哈尼哈番。今漢文改爲一等

恩詔所加，襲一等輕車都尉兼一雲騎尉。瑚什呑子瑚圖禮降襲。

男。

一等男	
劉忠	正黃旗漢軍。順治五年八月，以投誠及軍功，授一等阿思哈尼
劉應宗	劉忠子。順治十三年襲。
劉應正	劉應宗弟。順治十五年八月襲。
劉應柱	劉應正弟。康熙三十三年正月襲。
劉琦	劉應柱子。康熙五十年五月襲。
劉德禮	劉琦子。康熙五十八年四月襲。
劉瑛	劉德禮叔父。康熙六十一年十一月襲。
劉沛德	劉瑛姪。乾隆三年十二月襲。

哈番。今漢文改爲一等男。

一等男	
張天福	正黃旗漢軍。順治五年八月，以投誠
張其烈	張天福子。康熙六年閏四月襲。子降

一等男	
劉進忠　正紅旗漢	及軍功，授一等阿思哈尼哈番。今漢文改爲一等男。
劉澤龍　劉進忠子。	襲。
劉震　劉澤龍伯父之	
劉紹洪　劉震子。康	

一	
綽	軍。順治五年八月，以投誠授一等阿思哈尼哈番。今漢文改爲一等男。
吳	順治十六年九月襲。
	孫。康熙十三年十二月襲。
	熙三十四年襲。五十一年，卒。無嗣，停襲。

等男	
世禧	正白旗蒙古。順治六年，以來歸授拜他喇布勒哈番。恩詔加至三等阿達
爾圖	綽世禧子。康熙三十一年五月襲。子降襲。

哈哈番。十一年正月，襲兄色楞之一等阿達哈哈番，併爲一等阿思哈尼哈番。今漢

一等男	
覺羅岳色卜　鑲黃旗滿洲。特恩授一等阿思哈尼	文改爲一等男。

哈番。今漢文改爲一等男。

一等男

李率泰	正藍旗漢軍。順治九年十一月，封三
李正宗	李率泰子。康熙五年，襲父李率泰之
李淑德	李正宗子。康熙四十七年六月襲。坐
李淑明	李淑德弟。雍正元年七月襲。坐事革。
靈保	李淑德之二世孫。乾隆四年十二月襲。
李仁源	靈保子。乾隆二十七年十二月襲。
李瑞增	李仁源子。乾隆三十八年十二月襲。
哈豐阿	李瑞增子。嘉慶五年襲。
德英額	哈豐阿子。道光十六年襲。

等阿思哈尼哈番。十四年五月，以平廣東功，晉一等，卽一等男。襲一等阿達哈哈番。

一等阿達哈哈番。六年四月，追敍伊父功，加一等阿思哈尼哈番。今漢文改爲一等

事革。

坐事降。康熙五年正月，卒。謚忠襄。	一等男
男。	李國英遼東人。官四川總督。康熙
	李爛國英子。
	李永陞爛子。

七年，追敍巫山勦賊功，封一等男。

一等男

佛保	一等子馬爾賽叔父之孫。康熙
多奇禪	二等男譚拜孫。康熙四十
德保	多奇禪子。雍正十二年七月襲。
永泰	德保子。乾隆十三年十二月
富爾松阿	永泰弟。乾隆三十五
佛爾卿額	富爾松阿子。乾隆三
福光	佛爾卿額子。
明恆	福光子。
錫珍	明恆孫。光緒元年襲。

八年十月，因馬爾賽罪，降襲二等阿思哈尼哈番。功加爲一等。今漢文改爲一等
五年九月，降襲三等阿思哈尼哈番。今漢文改爲三等男。
襲。
年十二月襲。
十六年十二月襲。

男。

一等男	
奇山	二等伯穆爾泰子。雍正三年十二月，降襲一等阿思哈尼哈番。
喀寧阿	奇山子。乾隆二十三年襲。
查郎阿	喀寧阿子。乾隆五十五年襲。
景文	查郎阿子。嘉慶六年襲。
惠隆	景文子。道光三年襲。
普祥	惠隆子。道光三十年襲。
德垣	
恩廣	德垣子。光緒二十一年襲。

今漢文改爲一等男。緣事革。

一等男

札拉豐阿	正黃旗滿洲。世襲二等輕
春寧	扎拉豐阿子。乾隆三十六年六月襲。
福勒洪阿	春寧子。乾隆四十八年九
順慶	福勒洪阿弟之子。道光九年襲。
蘇勒芳阿	順慶子。道光二十八年襲。
蘇勒當阿	蘇勒芳阿弟。同治元年襲。
永祥	蘇勒當阿繼子。光緒十八年襲。

車都尉。乾隆二十七年閏五月，以軍功加一雲騎尉。三十三年，在雲南陣亡。特旨贈
坐事革。
月襲。

一等男，世襲罔替，謚昭節。	

一等男	
奎林	鑲黃旗滿洲。本襲一等承恩公。乾隆四十
崇倫	奎林子。乾隆四十一年襲。
博敬	崇倫姪。道光四年襲。
景成	博敬子。咸豐十一年襲。
麟鈺	光緒二十八年襲。

一年，以軍功別封一男爵，卽以其子襲。

一等男	
書麟	鑲黃旗滿洲。本漢軍，姓高。
吉郎阿	書麟子。嘉慶六年襲。
常善	吉郎阿子。道光四年襲。
久壽	咸豐十年襲。
德禧	久壽繼子。光緒二十一年
續昌	宣統元年襲。

嘉慶六年，四月，卒。追封一等男，世襲，謚文勤。

襲。

一等男

葉名琛

湖北漢陽

進士。道光二十九年，官廣東巡撫。以粵民阻英人入城封。咸豐八年，以失守廣東省城，爲英人執去，革。

一等男

蕭孚泗　湖南湘鄉人。同治三年，由記名提督論克

蕭有名　孚泗子。光緒十年襲。

金陵功，封一等男。光緒十年，卒。諡壯肅。

一等男

張國樑	廣東高要人。官福建
張清蔭	國樑子。同治年襲。

漳州鎮總兵。咸豐六年，以克復鎮江，予騎都尉。八年，以收復揚州、溧水，晉三等輕車都尉。十年，陣亡丹陽，贈騎都尉。同治三年，又追予三等輕車都尉，併爲一等男。

一等男
程學啓 安徽桐城人。官江西南贛鎮總兵。同治二年,以復蘇州省城功,
程集勳 學啓嗣子。同治年襲。

一	
多	予雲騎尉。同治三年，以攻嘉興，中礮卒。贈三等輕車都尉，併爲一等男爵。
雙	
壽	

等男

隆阿 正白旗蒙古。世襲騎都尉。官福州副都統。咸豐十一年，以復安徽桐城、舒

全 多隆阿子。同治年襲。

長 多隆阿孫。

城功，予雲騎尉。累擢荊州將軍。同治元年，以克復廬州府，予騎都尉。尋授欽差大臣，

督辦陝西軍務。同治三年，攻盩厔中槍，卒于軍。贈太子太保，予一等輕車都尉，謚忠勇尋併爲一等男。

一等男

劉銘傳	安徽合肥文童。官直隸提督。同治六年，以平東
劉朝印	銘傳長孫。光緒二十年襲。

捻等功，予三等輕車都尉。七年，以平西捻張總愚功，封一等男。光緒十一年，官福建

一等男	
劉錦棠	臺灣巡撫。十五年，加少保。二十一年，卒。贈太子太保，謚壯肅。
劉道謙	
劉家璠	

湖南湘鄉監生。官甘肅西寧道。光緒二年，以克復烏魯木齊功，予騎都尉。四年，以新
錦棠子。光緒二十三年襲。
光緒三十二年襲。

疆平功，晉二等男。累擢甘肅新疆巡撫。十五年，加太子少保。十六年，晉太子太保。二十年正月，晉一等男。是年七月，卒。謚襄勤。

一等男
劉坤一　湖南新寧監生。官兩
劉能紀　劉坤一嗣子。光緒三

一等	
榮祿	江總督。光緒二十八年，卒。追論庚子匡扶大局功，封一等男，諡忠誠。
良揆	十二年襲。

男

正白旗滿洲。官大學士。光緒二十九年三月,卒。追封一等男,世襲,諡文忠。

榮祿繼子。光緒二十九年襲。

二

巴

舒

等男

山書

鑲黃旗滿洲。天聰八年，以勤慎授牛彔章京。順治二年，積軍功加至三等甲喇

巴山子。康熙十二年七月襲。二十五年七月，軍功加爲一等阿思哈尼哈番。今

章京。九年正月，加至三等阿思哈尼哈番。十一年二月，以軍功加爲二等。今漢文改

漢文改爲一等男。子降襲。

爲二等男。

二等男

喀愷

正黃旗滿洲。天聰八年，以軍功授牛彔章京。尋加至一等

甲喇章京。恩詔加至二等阿思哈尼哈番。康熙五年，卒。以其子常岱、阿庫禮、舒淑三

二等男	
努山　正黃旗滿洲。天聰八年，以辦事勤愼，	人分襲。今漢文改爲二等男。
陶代　努山子。初以軍功授牛彔章京。順治	
江瀰　陶代之弟子。康熙二十二年八月，襲	

授三等甲喇章京。軍功加至二等。順治九年正月，恩詔加至二等阿思哈尼哈番。今

十六年二月，襲父職，併爲一等阿思哈尼哈番又一拖沙喇哈番。緣事革去本身所

二等阿思哈尼哈番。今漢文改爲二等男。後降襲。

二等男	
薩弼圖 正白旗滿洲。天聰八年，以辦事有能，授牛	漢文改爲二等男。
郭立 薩弼圖子。康熙元年襲。	得，將父職以其弟之子襲。
阿哈納 郭立子。康熙二十年十二月襲。	
豐鐘 阿哈納弟。康熙二十年十月襲。子降襲。	

彔章京。軍功加至一等甲喇章京。順治年，恩詔加至二等阿思哈尼哈番。今漢文改爲二等男。

二等男	
譚拜	正白旗滿洲。天聰八年，以辦事有能，授牛彔章京。軍功加

至三等甲喇章京。順治元年，定鼎燕京，加爲二等。課績加爲一等。五年六月，軍功加

二	
霸	至三等阿思哈尼哈番。七年三月，恩詔加爲二等。今漢文改爲二等男。
喇	
劉	
永	

等男

蘭正藍旗滿洲。天聰八年，襲。父綽爾嘉，爾之二等甲喇章京。課績加爲一等。軍功
布介霸蘭子。順治九年正月襲。康熙二十五年七月，以軍功加至一等阿思哈
祥喇布介子。康熙三十三年閏五月襲。
壽劉祥子。雍正九年三月，降襲二等阿思哈尼哈番。今漢文改爲二等男。乾隆三

加半個前程。順治九年正月，恩詔加至二等阿思哈尼哈番。今漢文改爲二等男。

尼哈番。今漢文改爲一等男。

年，子郭新降襲。

二等男	
甘篤	鑲藍旗蒙古。天聰八年，以軍功授三等甲喇章京。課績加爲二等。軍
吳山布	甘篤子。順治七年三月襲。
巴爾賽	吳山布叔父。順治八年正月襲。九年正月，恩詔加至一等。阿思
常保	巴爾賽孫。康熙三十五年襲。
萬神保	常保子。康熙三十七年七月襲。故，無嗣，未襲。
訥爾樸	萬神保女之子。雍正七年，特旨襲封。
宗嘉	訥爾樸子。乾隆六年襲。十三年，以異姓革。

二等	
荊古	功加至三等阿思哈尼哈番，恩詔加為二等。今漢文改為二等男。
崇阿	
富爾	哈尼哈番又一拖沙喇哈番。今漢文改為一等男又一雲騎尉。

男

爾達	正白旗滿洲。天聰九年，積軍功授一等甲喇章京。順治年，恩詔加至二等
荊古	爾達弟。順治十三年二月襲。
都	崇阿弟之子。順治十三年十月襲。子降襲。

二等男	
阿賴　正黃旗蒙古。崇德元	阿思哈尼哈番。今漢文改爲二等男。卒。諡忠直。
高良　阿賴之弟孫。康熙二	

年，以軍功授一等甲喇章京。順治九年正月，恩詔加至二等阿思哈尼哈番。今漢文

十二年十月襲。子降襲。

改爲二等男。

二等男

呂國寶

鑲白旗漢軍。崇德元年，以投誠授二等梅勒章

京。今漢文改爲二等男。	二等男
	袞出克古英　正紅旗蒙古。崇德元年五
	垂班　袞出克古英子。順治八年三月襲。九年正
	濟穆巴　垂班孫。康熙十三年三月襲。
	色楞達什　濟穆巴子。康熙三十年四月襲。
	魯普桑　色楞達什弟。雍正十二年六月襲。
	旺吉勒　魯普桑姪。雍正十三年十月襲。乾隆
	敏珠　旺吉勒子。乾隆二十四年十二月襲。
	巴圖吉爾　敏珠子。乾隆三十年十二月襲。
	固倫扎布　巴圖吉爾子。乾隆五十八年，襲
	達克黨朋素克
	巴雅斯呼朗　達克黨朋素克子。光緒二

月，以率戶口來歸，授一等梅勒章京。緣事降一等甲喇章京。順治三年四月，以軍功
月，恩詔准世襲罔替。
坐事革。
二十四年，陣亡。贈一等男。
二等男。
十年襲。

二	
阿達多色	加至三等梅勒章京。八年正月，陣亡。加贈爲二等。今漢文改爲二等男。

等男

育習：鑲黃旗蒙古。崇德二年，以率戶口來歸，授三等甲喇章京。軍功加至一等。

都爾阿育：習子。康熙九年八月襲。

爾濟達都：弟之子。康熙十九年九月襲。

楞多爾：濟弟。康熙二十四年八月襲。子降襲。

二等 | 順治九年正月，恩詔加至二等阿思哈尼哈番。今漢文改爲二等男。
孫達 |
杭書 |

男

禮鑲白旗滿洲。崇德四年，以軍功授一等甲喇章京。順治年，恩詔加至二等阿思

孫達禮子。康熙二十二年閏六月襲。子降襲。

哈尼哈番。今漢文改爲二等男。卒。謚果壯。

二等男

雍舜	鑲紅旗滿洲。崇德五年，積
根圖	雍舜子。原係拜他喇布勒
明格里	根圖子。順治十八年
吳爾善	明格里子。康熙十年
吳爾欽	吳爾善子。康熙四十
惠昌	吳爾欽子。雍正七年三月
廣全	惠昌姪。乾隆三十四年十
富玉	道光元年襲。
瑞淩	富玉子。道光二十五年襲。
瑞徵	光緒元年襲。
達薩布	光緒三十三年襲。

軍功授一等甲喇章京。順治九年正月，恩詔加至二等阿思哈尼哈番。今漢文改爲
哈番。順治九年十一月，襲父職，併爲一等阿思哈尼哈番。今漢文改爲一等男。
十一月襲。
十二月襲。
三年八月，降襲三等阿思哈尼哈番。今漢文改爲三等男。
襲。
二月襲。

二等男。	二等男	
	金玉和	正黃旗漢軍。崇德七年，以軍功授牛彔章京。尋加至
	金維廷	金玉和子。順治二年二月襲。七年三月，恩詔加爲一
	金維垣	金維廷弟。順治七年十月襲。
	金世鐸	金維垣子。康熙八年十二月襲。
	金璋	金世鐸子。雍正十年五月，降襲二等阿思哈尼哈番。今漢
	金履巽	金璋子。乾隆十四年十二月襲。
	六十三	金履巽子。乾隆二十九年十二月襲。
	長福	六十三從弟。乾隆五十一年十二月襲。
	承祿	長福子。
	明德	承祿子。
	瑞麟	承祿繼子，明德兄。道光七年襲。
	金塤	瑞麟子。
	德志	瑞麟繼子。
	德貴	德志弟。
	文齡	德貴子。

三等甲喇章京。陣亡。順治二年二月，加增二等梅勒章京。今漢文改爲二等男。

等阿思哈尼哈番。今漢文改爲一等男。

文改爲二等男。坐事革。

二等男
吳巴什 鑲藍旗滿洲。原係敖漢貝子。崇德七年九月，以來歸授三等梅
霸圖 吳巴什叔父。順治八年三月襲。九年正月，恩詔加至一等阿思哈尼

勒章京。順治七年三月，恩詔加爲二等阿思哈尼哈番。今漢文改爲二等男。

哈番。今漢文改爲一等男。

二等男	
特錦	鑲紅旗滿洲。初以辦事有能，授牛彔章京。順治二年，軍功加至三等
特爾赫	特錦子。康熙十一年襲。
額爾德	特爾赫孫。康熙二十一年八月襲。後降襲。

甲喇章京。課績加爲二等。恩詔加至三等阿思哈尼哈番。十七年八月，以軍功加爲二等。今漢文改爲二等男。卒。諡襄壯。

二等男

二等男	
色爾格	正白旗蒙古。初襲父阿拜
錫札保	色爾格孫。康熙二十年十
索諾木	錫札保姪。雍正十二年十
瞻祿	索諾木弟。乾隆三年十二月襲。
格魯特	瞻祿子。乾隆八年四月襲。
賽桑阿	格魯特子。乾隆二十七年
噶魯弟	賽桑阿叔。乾隆二十八年
蘇隆阿	噶魯弟子。乾隆四十五年
德通	蘇隆阿子。道光十年襲。
連壽	德通子。咸豐七年襲。
連肇	連壽叔子。
玉增	連肇子。光緒二十九年襲。

代巴圖魯之三等甲喇章京。順治二年，以定鼎燕京，加爲二等。六年二月，因追敍伊

二月襲。

二月襲。

十二月襲。

十二月襲。

十二月襲。

父來歸功，加至二等阿思哈尼哈番。恩詔加至一等，又一拖沙喇哈番。十六年閏三月，緣事降三等阿思哈尼哈番。康熙三年，特恩復加爲二等。今漢文改爲二等男。

二等男	
徐大貴	正白旗漢軍。積軍功授三等甲喇章京。恩詔加至一等阿達哈
徐永泰	徐大貴孫。康熙十九年二月襲。子降襲。

哈番，又一拖沙喇哈番。順治十四年九月，以軍功加至二等阿思哈尼哈番。今漢文

	二等男
改爲二等男。	胡宏先　正白旗漢軍。初以投誠授三等甲喇章京。軍功
	胡秉嶽　宏先子。順治十七年十月襲。以罪革。
	胡秉彝　秉嶽弟。康熙二十三年七月襲。子降襲。

加爲二等。

順治九年正月，恩詔加至三等阿思哈尼哈番。十七年七月，軍功加爲二

	二等男
等。今漢文改爲二等男。	兆布泰　鑲黃旗滿洲。順治二年，積軍功授牛
	增壽布　兆布泰子。康熙十七年襲。
	西圖　增壽子。康熙三十六年襲。後降襲。

彔章京兼半個前程。課績加爲三等甲喇章京，恩詔加爲二等。又以軍功加至二等

二等男	
費揚古	阿思哈尼哈番。緣事革。特恩復還原職。今漢文改爲二等男。
色赫 費揚	
色克圖	

鑲黃旗滿洲。順治二年，以勤勞授牛彔章京。恩詔加至二等阿達哈哈番。十一年，又
古子。康熙九年襲。
色赫子。康熙三十一年襲。後降襲。

以勤勞加至二等阿思哈尼哈番。緣事降爲拜他喇布勒哈番。事白，復還原職。今漢文改爲二等男。

二等男

姓名	事蹟
吳賴	鑲黃旗滿洲。順治二年，積軍功授二等甲喇章京。九
顧德	吳賴子。順治十年十月襲。坐事革。
綽爾門	顧德弟。康熙十六年六月襲。子降襲。

二	
俄	年正月，恩詔加至二等阿思哈尼哈番。今漢文改爲二等男。卒。諡康毅。
班	

等男	
莫克圖	正黃旗滿洲。順治二年，以勤勞授牛彔章京。恩詔加至二等阿達哈
岱	俄莫克圖孫。康熙二十四年十月襲。軍功加至一等阿思哈尼哈番。今漢文改

哈番。十一年八月，特恩加至二等阿思哈尼哈番。緣事降三等阿達哈哈番。事白，復

爲一等男。後其孫降襲。

	二等男
還原職。今漢文改爲二等男。	阿慕古朗 正紅旗蒙古。順治二年，襲
	阿齊圖 阿慕古朗子。順治十四年九月
	龔額 阿齊圖叔父之子。康熙二十二年十
	吳什巴 龔額子。康熙四十九年十一月，

父古魯達蘇爾海之一等甲喇章京，兼半個前程。順治九年正月，恩詔加至二等阿
襲。
二月襲。三十六年七月，以軍功加至一等阿思哈尼哈番。今漢文改爲一等男。
降襲三等阿思哈尼哈番。今漢文改爲三等男。坐事革。後降襲。

思哈尼哈番。今漢文改爲二等男。

二等男

莊機達	鑲黃旗滿洲。順治四年正
達爾占	莊機達子。順治十八年十
達郎阿	達爾占子。康熙五十九年
吳清格	達郎阿子。雍正元年六月

月，襲兄高赫德巴圖魯之三等甲喇章京。恩詔加至一等阿達哈哈番，又一拖沙喇
一月襲。康熙五十二年十二月，以效力議敍，加至一等阿思哈尼哈番。今漢文改爲
七月，降襲三等阿思哈尼哈番。今漢文改爲三等男。
襲。坐事革。乾隆三年，其弟降襲。

	二等男
哈番，軍功加至二等阿思哈尼哈番。今漢文改爲二等男。	劉澤洪　鑲黃
一等男。	劉俊德　劉澤
	法靈阿　劉俊
	劉延燦　劉澤
	寶柱　劉延燦子。

旗漢軍。順治五年，以投誠授二等阿達哈哈番。九年正月，襲父劉良臣之三等阿達
洪子。康熙三十四年九月襲。
德孫。乾隆十三年閏七月襲。緣事革。
洪孫。乾隆四十四年十二月襲。
乾隆四十六年十二月襲。

二等男	
藍拜　鑲藍旗滿	哈哈番，併為二等阿思哈尼哈番。今漢文改為二等男。
甘都　海　藍拜	
蘇白　赫　甘都	
蘇黑　蘇白　赫子。	

洲。順治六年，積軍功授二等阿達哈哈番。九年正月，恩詔加至二等阿思哈尼哈番。
子。康熙四年九月襲。
海弟。康熙十八年九月襲。
康熙三十四年二月襲。子降襲。

今漢文改為二等男。	二等男	二等男
	孫延齡順治十年封。	馬雄順治十二

	二等男
年封。	胡什屯 三等子布納海子。康熙四十六年六月，降襲二等阿思哈
	海昌 胡什屯子。雍正二年十二月襲。後降襲。

尼哈番。今漢文改爲二等男。

二等男

覺羅塞克森　正黃旗滿洲。順治十

覺羅拜音德　覺羅塞克森子。康熙

六年，襲父覺羅阿克善之三等阿達哈哈番。康熙三十二年十一月，襲弟覺羅襲額

三十五年正月襲。雍正六年，坐事革。

之二等阿達哈哈番，併爲二等阿思哈尼哈番。今漢文改爲二等男。三十四年十月，卒。

二等男

班秩福

鑲藍旗漢軍。初以隨尚可喜歸順，封三等阿思哈尼哈番。

班際盛

班秩福子。順治十四年八月襲。後加爲一等阿思哈尼哈

順治十四年，晉贈二等。今漢文改爲二等男。

番。今漢文改爲一等男。後以叛，爵除。

二等男

劉武元　遼東人。康熙三

劉渡　武元子。康熙三年襲。

	年，追論南贛巡撫保城功，封二等男。

二等男

李爛	正紅旗漢軍。康熙六年，襲父李
李永陞	李爛子。康熙二十九年十
李永安	李永陞從弟。雍正十年五
李時敏	李永安族兄之子。雍正十
李承澤	李時敏子。乾隆六年十二
李承綸	李承澤弟。乾隆十六年襲。
李興爵	李承綸子。嘉慶九年襲。
李維德	李興爵子。道光十二年襲。
李恩聯	李維德子。同治元年襲。

國英之二等阿達哈哈番。七年六月，追敍伊父軍功，加至二等阿思哈尼哈番。今漢
月襲。雍正八年六月革。
月襲。坐事革。
一年十二月襲。坐事革。
月襲。

文改爲二等男。

二等男

常遠　正藍旗滿洲。康熙二十年，襲祖畢里克圖之一等阿

七十　常遠子。康熙四十六年三月，降襲三等阿思哈尼哈

布喀　七十堂弟。乾隆十六年五月襲。

宗魁　布喀伯父之孫。乾隆二十六年十二月襲。

達哈哈番，又一拖沙喇哈番。二十五年，追敍伊祖軍功，加至二等阿思哈尼哈番。今

番。今漢文改爲三等男。

漢文改爲二等男。

二等男

普爾普	正黃旗蒙古。乾隆四十一年，以軍功封三
托布濟圖	普爾普子。乾隆五十五年襲。

二	
惠	等男。五十四年，以軍功加至二等男，將原有之雲騎尉銷去，世襲罔替。
桂	
麟	
成	
達	

等男	
齡	惠齡正白旗蒙古。任陝甘總督，勦捕教匪勤愼。嘉慶九年六月，卒。追封二等男，諡勤。
斌	桂斌惠齡子。陣亡，議給騎都尉，併爲一等男，加一雲騎尉。
綬	麟綬桂斌子。
棟	成棟麟綬繼子。
元	光元成棟子。光緒二十八年襲。

二等男			
樂善	正白旗蒙古。官直隸提督。咸豐年，天津海口防堵陣亡，賞給二		襄。
成友	樂善子。		
錫振	成友子。		
倭和布	錫振子。光緒二十七年襲。		

	二等男
等男。	賽沖阿 正黃旗滿洲。嘉慶十九年二月，以軍功封二等男。道光八
	特克愼 賽沖阿孫。道光八年襲。
	清安 特克愼姪。道光十八年襲。
	清福 清安弟。道光二十六年襲。
	明喜 清福繼子。同治三年襲。
	何守貴 明喜子。光緒二十三年襲。

年六月，卒。謚襄勤。

二等男
邱良功　福建同安人。嘉慶十四年，官浙江提督。諭
邱聯恩　邱良功子。嘉慶　年襲。

平蔡牽功，封二等男。卒。謚剛勇。

二等男

和春	正黃旗滿洲。官欽差大臣、江寧將軍。
霍順武	和春繼子。咸豐十一年襲。
恩厚	霍順武孫。光緒十五年襲。

咸豐十年閏三月，陣亡。贈二等男，謚忠武。	二等男
	李續賓湖南湘鄉人。官巡撫。
	李光久續賓子。同治八年襲。

銜浙江布政使。咸豐八年，陣亡安徽三河，予騎都尉。同治三年，追予二等輕車都尉，

官浙江按察使。

	二等男
併爲二等男。	楊玉科湖南善化人，寄籍雲南麗江。官記名提督。光緒
	楊汝康玉科子。光緒年襲。

元年，以全滇肅清，予改一等輕車都尉。旋以兼襲叔父世職，倂爲二等男。光緒十年，陣亡鎮南關。贈太子少保，諡武愍。

二等男

張曜　順天大興人。同治七年，張總愚
張端本　曜子。光緒十八年襲。

平，由總兵予騎都尉。十年，寧夏平，予騎都尉。光緒三年，克吐魯番，予一等輕車都尉。

二等男

余虎恩　湖南平江人。官

十七年，卒於山東巡撫。謚勤果，併爲二等男爵。

余應璜

陝西陝安鎮總兵。光緒二年，論克復烏魯木齊功，予雲騎尉。三年，論克吐魯番功，予騎都尉。四年，論平新疆功，晉一等輕車都尉。二十二年，併爲二等男爵。三十一年，卒。

二等男
黃萬鵬 湖南人。官記名提督。光緒二年，論復托克遜城功，予雲騎尉。四
黃鉞 萬鵬子。光緒三十年襲。

年，新疆平，改三等輕車都尉。二十三年，併叔父黃登和等雲騎尉各世職，爲二等男

二等男	
岑毓英	廣西泗城人。官雲南巡撫。同治十年，以平雲南回匪
岑春榮	毓英子。光緒年襲。官河南河北道。

爵。二十四年，卒。

功，予一等輕車都尉。光緒	十一年，以出師越南	功，加一雲騎尉。十五年，卒。併爲男爵。

二等男

馮國璋　直隸河間文生。官軍諮使。宣統三年十月，以克復漢陽功，封二等男。

清史稿卷一百七十三

表十三

諸臣封爵世表五下

初封	三等男
	布爾杭俄
一次襲	格巴庫布爾
二次襲	朱孔額布爾
三次襲	殷圖朱孔額子。
四次襲	
五次襲	
六次襲	
七次襲	
八次襲	
九次襲	
十次襲	
十一次襲	
十二次襲	
十三次襲	
十四次襲	
十五次襲	
十六次襲	
十七次襲	
十八次襲	

正紅旗滿洲。原係葉赫西城貝勒。天命年間，授爲三等副將。今漢文改爲三等男。
杭俄子。初襲父職。順治年，恩詔加至一等阿思哈尼哈番又一拖沙喇哈番。尋將父
杭俄子。分襲父三等阿思哈尼哈番。今漢文改爲三等男。
襲父職。康熙二十八年五月，緣事革，停襲。

職分與弟朱孔額襲，止留本身所得拜他喇布勒哈番又一拖沙喇哈番。今漢文改

三等男	
達諸護 正藍旗滿洲。國初以軍功授三等副	
翁阿代 達諸護子。天聰八年五月，襲。崇德六	爲騎都尉。又一雲騎尉。
錦布 翁阿代弟。崇德六年七月，襲。順治九	
蘇爾泰 錦布子。康熙二十一年七月，襲三等	
額爾赫德 蘇爾泰子。康熙二十六年八月，	
蘇班泰 額爾赫德叔父之子。康熙五十二年	
滿丕 蘇班泰兄。雍正三年六月，襲。	
富僧額 滿丕堂姪。乾隆三年十二月，襲。	
永順 富僧額弟。乾隆四十年二月，襲。	
托克托遜 永順子。乾隆四十一年十二月，	
瑞春 托克托遜子。乾隆五十五年，襲。	
慶春 瑞春伯高祖吉穆布之四世孫。	
宜明 慶春子。	
松秀 宜明子。同治四年，襲。	
斌桂 松秀子。光緒二十九年，襲。	

三等男	
把爾巴	將。今漢文改爲三等男。卒。謚襄敏。
諾孟達	年陣亡，加贈一等梅勒章京。今漢文改爲一等男。
阿圖海	年三月，恩詔加至二等精奇尼哈番。今漢文改爲二等子。
孫保住	子。
報國 孫保	襲。以庸劣革。
德寧 報國	四月，仍襲一等阿思哈尼哈番。今漢文改爲一等男。以罪革。
慶明 德寧	
伊克唐	
舒祥 伊克	
樂兆 舒祥	襲。

圖里爾鑲黃旗滿洲。原係蒙古察哈爾貝勒。以來歸授三等副將。今漢文改
賴把爾巴圖里爾子。天聰八年五月，襲。順治九年正月，恩詔加至一等阿思哈尼
諾孟達賴孫。康熙八年七月，襲。以庸劣革。
阿圖海子。康熙三十年十二月，襲。
住子。乾隆二十六年十二月，襲。
子。乾隆四十六年十二月，襲。
子。嘉慶五年，襲。
阿慶明子。嘉慶二十五年，襲。
唐阿子。道光七年，襲。
子。同治七年，襲。

三等男		
俄奇爾桑	鑲黃旗滿洲。原係蒙古扎魯特	爲三等男。
褚祿	俄奇爾桑子。順治五年四月，襲。七年三月，	哈番。今漢文改爲一等男。
俄綽爾	褚祿弟。順治七年三月，襲。	
圖護祿克	俄綽爾兄。順治十六年二月，襲。	
畢力克圖	圖護祿克子。順治十六年五月，	
沙金達賴	畢力克圖弟。康熙二十五年十	
特古思	沙金達賴弟。康熙五十年正月，襲。	
龔山	特古思子。乾隆九年四月，降襲三等男。	
鄂恆	龔山子。乾隆二十二年十二月，襲。	
松祿	鄂恆子。乾隆二十七年十二月，襲。	
蘇爾泰	松祿族兄。乾隆二十八年十二月，襲。	
四格	蘇爾泰之伯祖。乾隆三十六年十二月，襲。	
永清	四格子。乾隆四十六年十二月，襲。	
祥安	永清孫。道光八年，襲。	
國慶	祥安子。同治元年，襲。	
全勝	光緒十年，襲。	

貝子。以來歸授備禦。天聰八年，積軍功加至三等甲喇章京。定鼎燕京，以係太宗舊
恩詔加爲二等阿思哈尼哈番。今漢文改爲二等男。
以罪革。
襲。
二月，襲。以罪革。

	臣，加至三等梅勒章京。今漢文改爲三等男。	

三等男	
雅爾納	鑲白旗滿洲。國
胡納金	雅爾納子。順治
佛倫	胡納金弟。康熙二十

初以來歸授備禦。天聰八年，以軍功加至二等甲喇章京。順治年，以恩詔加至三等	十三年五月，襲。	四年三月，襲。子降襲。

阿思哈尼哈番。今漢文改爲三等男。

三等男
馬光先　鑲黃旗漢軍。天聰四年，以
馬思芳　馬光先子。順治十二年六

投誠授二等參將。順治年，恩詔加至三等阿思哈尼哈番。今漢文改爲三等男。

月，襲。子降襲。

三等男

孫得功

正白旗漢軍。國初以投誠授遊擊。天聰八年五月，軍功加至三等副將。今漢文改爲三等男。

三等男

王元忠	鑲白旗漢軍。國初以投誠授備
王希貴	王元忠子。順治九年四月，襲。
王承祖	王希貴弟之子。康熙元年，襲。子

禦，軍功加至二等甲喇章京。順治年，恩詔加至三等阿思哈尼哈番。今漢文改爲三

降襲。

等男。

三等男

覺羅拜三

鑲黃旗滿洲。初以軍功授遊擊。天聰元年五月，陣亡。

三等男	
覺羅顧納代	八年五月，加贈三等梅勒章京。今漢文改爲三等男。
覺羅莫洛宏	
覺羅席圖庫	
覺羅舒魯覺羅	
覺羅伊靈阿	

三等男覺羅拜三子。天聰八年五月，襲。順治三年，軍功加至三等昂邦章京。七月，恩

覺羅顧納代子。順治七年五月，襲一等精奇尼哈番。十七年，陣亡。贈三等伯，諡剛勇，

覺羅莫洛宏叔父之子。以本身之拜他喇布勒哈番分襲三等精奇尼哈番，併爲一

席圖庫子。康熙三十七年十一月，襲。雍正三年五月，卒。

覺羅舒魯子。雍正四年二月，降襲二等精奇尼哈番。今漢文改爲二等子。十三年，坐

詔加爲二等。陣亡。贈一等。今漢文改爲一等子。

又贈拜他喇布勒哈番。以嗣子覺羅諸爾遜、叔之子覺羅席圖庫二人分襲。

等精奇尼哈番。今漢文改爲一等子。康熙二十七年七月，襲。

事革。

三等男	
德爾格勒	正黃旗滿洲。國初以自葉赫來歸，授三等梅勒章京。今漢
南楮	德爾格勒子。天聰八年，襲。以罪革。
索爾和	南楮弟。崇德二年六月，襲。順治九年正月，恩詔加至一等阿思
敖色	索爾和弟。順治十二年四月，襲。
噶那海	敖色之弟子。康熙二十三年八月，襲。
巴錫	噶那海伯父之孫。康熙三十一年三月，以本身之拖沙喇哈番併襲
穆爾泰	巴錫從姪。雍正八年六月，襲。
長庚	後更名那延保。穆爾泰子。乾隆四十四年十二月，將巴錫之拖沙喇
富順	那延保子。嘉慶十五年，襲。
巴彥泰	富順繼子。道光八年，襲。
慶瑞	巴彥泰子。同治十年，襲。
錕鈺	慶瑞子。光緒三十一年，襲。

文改爲三等男。

哈尼哈番，又一拖沙喇哈番。緣事降二等阿思哈尼哈番。今漢文改爲二等男。

爲一等阿思哈尼哈番。今漢文改爲一等男。

哈番銷去，襲三等男。

三等男

昂洪達爾漢和碩奇	正黃旗滿洲。國初以來歸授三等甲
俄奇爾	昂洪達爾漢和碩奇子。天聰八年五月，襲。順治二年二月，特恩
丹岑	俄奇爾子。順治十四年十月，襲。
阿禹錫	丹岑弟。順治十七年七月，襲。
通寶	昂洪達爾漢和碩奇弟之子。順治十八年十一月，襲。
圖喇	通寶子。康熙二十七年十一月，襲。坐事革。
明中	圖喇伯父之子。雍正十二年十一月，襲。
永常	明中子。乾隆八年十二月，襲。坐事革。
永德	明中堂弟。乾隆四十三年十二月，襲。
樂善	永德子。
錫光	樂善孫。
啓泰	錫光子。光緒元年，襲。

喇章京。軍功加至三等梅勒章京。今漢文改爲三等男。
加爲二等梅勒章京。七年三月，恩詔晉一等。緣事降爲三等。九年正月，又遇恩詔加

三等男	
額爾格圖 鑲黃旗滿	
賴杜 額爾格圖子。順治十	至一等。緣事降爲二等。今漢文改爲二等男。
阿哈道 賴杜弟。康熙元	
興麟 阿哈道孫。康熙三十	

洲。天聰八年，課績授牛彔章京，加三等甲喇章京。順治年，恩詔加至三等阿思哈尼

七年十月，襲。

年，襲。

五年四月，襲。後降襲。

哈番。今漢文改爲三等男。

三等男

安達禮

正黃旗滿洲。天聰八年，以軍功授三

等甲喇章京。緣事降爲牛彔章京。崇德八年九月，以太宗文皇帝升遐從死，優贈三等阿思哈尼哈番。今漢文改爲三等男。

三等男	
昂昆杜稜	正黃旗滿洲。天
綽爾吉	昂昆杜稜子。崇德八
噶爾瑪	綽爾吉弟。順治九年,
沙殷查渾	噶爾瑪兄之子。
德爾格勒	沙殷查渾伯父
關保	德爾格勒子。康熙十四年
巴喀那	關保子。康熙四十八
吉齡	巴喀那子。乾隆八年,襲。
博德	吉齡子。乾隆二十三年,襲。
季祿	博德叔。乾隆二十四年,襲。
成德	季祿堂姪孫。乾隆二十五
額爾景額	成德子。乾隆四
全山	額爾景額子。嘉慶六年,襲。
伊鏗額	全山孫。道光二十二
榮貴	伊鏗額子。光緒三年,襲。

聰八年五月，以自蒙古來歸，授三等梅勒章京。今漢文改爲三等男。

年十二月，襲。順治七年，恩詔加爲二等阿思哈尼哈番。緣事降一等阿達哈哈番。又

襲。

康熙八年，襲。

之孫。康熙十年五月，襲。

十二月，襲。

年，銷去恩詔所得，襲一等阿達哈哈番又一拖沙喇哈番。今漢文改爲一等輕車都

年十二月，將原襲之騎都尉併爲三等男。

十四年十二月，襲。

年，襲。

一拖沙喇哈番。九年,又遇恩詔加爲三等阿思哈尼哈番。今漢文改爲三等男。坐事

尉又一雲騎尉。

革。

三等男

布顏塔布囊	正黃旗滿洲。天聰八年，以來歸授牛彔章京。軍
莽色	布顏塔布囊子。順治八年二月，襲。恩詔准世襲罔替。
阿勒格泰	莽色伯父。順治九年正月，襲。
毛奇塔	阿勒格泰弟之子。順治十五年三月，襲。康熙三十六年，以
長保	毛奇塔子。康熙五十三年十月，襲。
松凌	長保子。雍正十一年八月，襲。
永太	松凌子。乾隆二十八年十二月，襲。
春年	永太子。嘉慶四年，襲。
存貴	春年孫。道光十九年，襲。
德敏	存貴堂叔。咸豐七年，襲。
常喜	德敏子。同治十年，襲。
達隆阿	常喜子。光緒十九年，襲。

功加至二等甲喇章京，特恩加爲一等。順治五年，襲兄之子吳納海陣亡所得之拜

軍功加爲二等阿思哈尼哈番。今漢文改爲二等男。

三等男	
那木泰	他喇布勒哈番，併爲三等阿思哈尼哈番。今漢文改爲三等男。
阿哈連	
阿拉密	
齊藍布	
積壽 齊藍	

正黃旗滿洲。天聰八年，課績授三等甲喇章京。十年四月，以軍功加至三等梅勒章
那木泰子。天聰十年四月，襲。
阿哈連兒。順治二年三月，襲。七年三月，恩詔加爲二等阿思哈尼哈番。緣事降一等
阿拉密子。順治十二年七月，襲。
布孫。康熙三十八年閏七月，襲。子降襲。

京。今漢文改爲三等男。

阿達哈哈番。九年正月，又遇恩詔加至三等阿思哈尼哈番。緣事復降一等阿達哈

三等男	
眞柱總	
瓦爾達	
	哈番。陣亡。仍加贈三等阿思哈尼哈番。今漢文改爲三等男。

正白旗滿洲。天聰八年，以率戶口來歸，授牛彔章京。軍功加至二等甲喇章京。順治	眞柱
	愻孫。康熙四年五月，襲。子降襲。

三等男	
圖爾奇業	年，恩詔加至三等阿思哈尼哈番。今漢文改爲三等男。
顧魯圖爾奇業	
克什圖顧魯	
查彌嚴克什	
富陞查彌嚴子。	
富僧額富陞	
福伸富僧額子。	
德昌福伸姪。乾	
倭清額德昌	
景興倭清額子。	
嵩玉景興叔姪。	
恩遠嵩玉子。	
瑞全恩遠叔祖	
恩通	
文啓光緒三十	

爾登鑲白旗滿洲。天聰八年，以自蒙古率衆來歸，授三等梅勒章京。今漢文改

爾登子。天聰八年五月，以隨父來歸，授牛彔章京。後襲父職。以本身職襲，予弟綽爾

子。順治十八年十一月，襲。

圖子。康熙二十四年八月，襲。

康熙四十六年八月，仍襲二等阿思哈尼哈番。今漢文改爲二等男。

子。乾隆十六年十二月，襲。

乾隆二十一年十二月，襲。五十年，併一騎都尉，世襲。改爲一等男。

隆五十一年十二月，襲。

子。嘉慶十二年，襲。

嘉慶二十五年，襲。

道光三年，襲。

—

孫。光緒十年，襲。

—

年襲。

爲三等男。

圖襄。順治二年三月，以軍功加爲二等梅勒章京。九年，恩詔加至三等精奇尼哈番。

三等男		
齊爾格申	鑲黃旗滿洲。天聰八年，以辦事有能，	
石清	齊爾格申孫。康熙十二年八月，襲。	今漢文改爲三等子。
蒙安塔	石清弟。康熙二十年，襲。	

授牛
彔章
京。恩
詔加
一拖
沙喇
哈番。
後襲
伯父
之子
多尼
喀巴
圖魯
之拜
他喇
布勒

哈番，兼一拖沙喇哈番，併爲一等阿達哈哈番。順治
年，恩詔加至三等阿思哈尼哈

三等男	
布當　正藍旗滿洲。天聰八年，以自蒙古率戶口	番。今漢文改爲三等男。
袞奇　布當子。崇德四年七月，襲。	
和爾渾　袞奇弟。崇德八年七月，襲。順治九年	
木合林　和爾渾兄之子。康熙七年十二月，襲。	
塔布岱　木合林子。康熙十八年七月，襲。	
阿玉璽　塔布岱子。康熙三十五年四月，襲。	
秀林　阿玉璽子。乾隆七年三月，降襲三等男。坐	
玉林　秀林弟。乾隆十年十二月，襲。	
永奇　玉林子。乾隆二十年十一月，襲。	
恆通　永奇子。乾隆五十五年，襲。	
文奎　恆通子。	
敬蔭　文奎子。	
敬謙　敬蔭弟。	
續忠　敬謙子。光緒十六年，襲。	

來歸，授二等甲喇章京。旋以軍功加至三等梅勒章京。今漢文改爲三等男。
正月，恩詔加至一等阿思哈尼哈番。今漢文改爲一等男。
事革。

三等男
宜拜　正藍旗滿洲。天聰八年，以辦事有能，授半個前程。軍功加至三等甲
偏俄　宜拜子。順治十五年十月，襲。
巴爾戶達　偏俄子。康熙四年正月，襲。
綏哈達　巴爾戶達伯父之子。康熙四年八月，襲。子降襲。

喇章京。順治九年正月，恩詔加至三等阿思哈尼哈番。今漢文改爲三等男。卒。謚勤直。

三等男

舒賽	鑲藍旗滿洲。原係牛彔分中備禦。天聰八年五月，積軍功加至
席特庫	舒賽孫。崇德六年十月，襲。順治三年四月，以軍功加至二
常舒	席特庫子。順治五年六月，襲。
桑格	常舒弟。順治五年十二月，襲。七年正月，恩詔加爲一等阿思哈
瑪哈理	桑格子。康熙二十年十二月，襲。
舒保	瑪哈理子。康熙四十七年正月，降襲二等阿思哈尼哈番。今漢
舒德	舒保弟。乾隆二年十二月，襲。坐事革。
西蒙額	舒德姪。乾隆二十四年十二月，襲。
瑪興阿	西蒙額子。乾隆三十七年十二月，襲。
瑪昇阿	瑪興阿族弟。道光八年，襲。
哈普齊賢	

	三等男	
三等梅勒章京。今漢文改爲三等男。卒。諡壯敏。	俄本岱	正黃旗蒙古。天
等梅勒章京。今漢文改爲二等男。	瓦色	俄本岱兄。天聰九年
	俄爾介圖	瓦色孫。崇
尼哈番。今漢文改爲一等男。	古祿固	俄爾介圖子。順
	土梅	古祿固叔祖。順治七
文改爲二等男。	拖克塔哈爾	土梅
	集柱	拖克塔哈爾子。康熙
	薩炳阿	集柱子。乾隆三
	富慶	薩炳阿弟。乾隆四十
	恆齡	嘉慶十一年，襲。
	恆福	恆齡兄。道光二年，襲。
	全興	道光十六年，襲。
	文貴	道光十九年，襲。
	松秀	光緒十四年，襲。

聰八年五月，以率衆來歸，授三等甲喇章京。軍功加至三等梅勒章京。今漢文改爲
正月，襲。
德五年二月，襲。
治七年三月，襲。順治七年三月，恩詔加爲二等阿思哈尼哈番。今漢文改爲二等男。
年八月，襲。九年正月，恩詔加至一等阿思哈尼哈番。今漢文改爲一等男。
子。康熙二十年二月，襲。三十六年七月，以軍功加爲三等精奇尼哈番。今漢文改爲
五十二年十二月，降襲二等阿思哈尼哈番。今漢文改爲二等男。
十四年十二月，襲三等男。
七年十二月，襲。

三等男		
馬光輝	鑲黃旗漢軍。天聰八年，以投誠授三等甲喇章京。緣	三等男。
馬爾泰	馬光輝子。順治十二年十一月，襲。	
馬思雲	馬爾泰弟。康熙元年，襲。	
馬世偉	馬思雲子。康熙二十二年十一月，襲。子降襲。	
		三等子。

事降爲牛彔章京。軍功加至一等甲喇章京，課績加半個前程。緣事復降拜他喇布

勤哈番。恩詔加一拖沙喇哈番。事白，陞爲一等阿達哈哈番又一拖沙喇哈番。順治

三	
佟	九年正月，恩詔加爲三等阿思哈尼哈番。今漢文改爲三等男。卒。謚忠靖。
佟	
佟	
佟	
佟	
佟	
佟	
佟	
達	
恆	
達	
長	
德	
崇	
永	

等男		
鎮國	鑲紅旗漢軍。	國初以投誠授三等甲喇章京。又以出首私書,加至三等梅
一鵬	佟鎮國子。	天聰八年五月,襲。恩詔加至一等阿思哈尼哈番,又加一拖沙喇
光先	佟一鵬子。	順治十四年九月,襲。
諮詢	佟光先子。	康熙七年六月,襲。
維藩	佟諮詢子。	康熙三十一年五月,襲。
桂	佟維藩子。	康熙五十七年七月,降襲三等阿思哈尼哈番。今漢文改爲三等男。
兆勳	佟桂子。	雍正十二年十二月,襲。
璜	佟兆勳子。	乾隆二十五年十二月,襲。更名佟春。以病罷爵。
隆阿	佟春子。	乾隆四十九年十二月,襲。
慶	達隆阿子。	嘉慶十二年,襲。
興阿	恆慶胞叔。	嘉慶二十年,襲。
壽	達興阿子。	道光十二年,襲。
齡	長壽子。	咸豐四年,襲。
麟	德齡子。	光緒十七年,襲。
山	崇麟子。	宣統元年,襲。

勒章京。今漢文改爲三等男。	
哈番。今漢文改爲一等男又一雲騎尉。	

三等男

孟喬芳	鑲紅旗漢軍。天聰八
孟能弼	孟喬芳子。順治十一
孟繹祖	孟能弼子。康熙二十
孟維祖	孟繹祖弟。康熙二十

年，以軍功授二等甲喇章京。緣事降爲牛彔章京。軍功加至一等阿達哈哈番。順治
年七月，襲。
一年七月，襲。
八年十月，襲。孚降襲。

三	
阿布	九年正月，恩詔加至三等阿思哈尼哈番。今漢文改爲三等男。卒。諡忠毅。

等男	
蘭柱	鑲紅旗滿洲。隨父阿格伯燕率所部來歸，屢立軍功。陣亡。贈三等梅勒章
蘭硃	阿蘭柱弟。襲職。天聰八年，其弟布爾堪因兄罪降襲。

	三等男
京。今漢文改爲三等男。謚順毅。	陳邦選 鑲藍旗漢軍。崇德元年六月，以
	陳維德 陳邦選子。順治元年三月，襲。
	陳其謨 陳維德兄之子。順治二年十二
	陳鎮 陳其謨子。康熙十八年十二月，襲。
	陳俊 陳鎮弟。康熙二十八年七月，襲。
	陳國儀 陳俊子。雍正五年四月，降襲三
	陳朝環 陳國儀從姪。乾隆三十六年，襲。
	陳梁柱 陳朝環子。乾隆四十七年十二
	景寬
	桂齡 景寬子。光緒十三年，襲。

同祖大壽投誠，授三等梅勒章京。今漢文改爲三等男。

月，襲。七年三月，恩詔加爲二等阿思哈尼哈番。今漢文改爲二等男。

等阿思哈尼哈番。今漢文改爲三等男。乾隆三十六年，以陳邦選次子陳維道所得

月，襲。

之世襲騎都尉併爲一等男。

三等男	
姜民望	正紅旗漢軍。崇德元年，以投誠
姜永基	姜民望子。順治十四年三月，襲。
姜雲慶	姜永基子。康熙三年六月，襲。

授三等梅勒章京。今漢文改爲三等男。

十一年，故。特旨停襲。

三等男

鄔布格德墨勒根

多爾濟　鄔布格德墨勒根保

佛保住　多爾濟子。康熙二十

保正黃旗蒙古。崇德元年，以率戶口來歸，授一等甲喇章京。順治九年正月，恩詔

子。康熙六年十二月，襲。

五年四月，襲。雍正十一年，子馬思圖降襲。

加至三等阿思哈尼哈番。今漢文改爲三等男。

三等男

充固	正白旗蒙古。崇德元
色特爾	充固子。順治十
鄂山	色特爾兄之子。康熙

年，以軍功授半個前程。尋加爲牛彔章京。順治五年，課績加至三等阿達哈哈番，恩
二年七月，襲。
六年九月，襲。四十五年，子輝色降襲。

詔加至一等阿達哈哈番又一拖沙喇哈番。陣亡。順治十七年七月，贈三等阿思哈尼哈番。今漢文改爲三等男。

三等男	
額森侯痕	鑲白旗蒙古。崇德元年，以
多爾濟	額森侯痕子。順治十七年十月，
胡圖克	多爾濟子。康熙十八年十二月，
納穆僧	胡圖克叔父之子。康熙二十三
阿玉錫	納穆僧兄之子。康熙三十二年
札什	阿玉錫弟。康熙三十五年八月，以本
普明	札什子。康熙三十六年七月，襲。雍正

率衆來歸，授三等甲喇章京。順治元年，軍功加爲二等。順治九年正月，恩詔加至三

襲。

襲。

年三月，襲。

九月，襲。

身之拜他喇布勒哈番襲兄職，併爲一等阿思哈尼哈番。今漢文改爲一等男。

十一年，其族叔子兆保降襲。

	三等男
等阿思哈尼哈番。今漢文改爲三等男。	蘇朗 正黃旗蒙古。崇德二年，以
	朱珥 蘇朗孫。康熙二十三年九

率戶口來歸，授牛彔章京。軍功加至二等甲喇章京。順治九年正月，恩詔加至三等阿思

月，襲。四十一年，其弟雲敦降襲。

三等男	
阿什 正白旗滿洲。崇德二年，積軍功授三	哈尼哈番。今漢文改爲三等男。

等梅勒章京。今漢文改爲三等男。

三等男

羅理	正黃旗蒙古。崇德三年，以率戶
沙濟	羅理兄。崇德七年八月，襲。

口來歸，授一等甲喇章京。陣亡。七年八月，贈三等梅勒章京。今漢文改爲三等男。

三等男

達爾漢和碩奇	鑲藍旗滿洲。崇德三年八月，以自蒙古率衆來
安丹	達爾漢和碩奇子。崇德七年七月，襲。
博思希	安丹弟。崇德八年八月，襲。順治四年三月，以軍功加爲二等梅
鄂齊爾	博思希子。順治十一年六月，襲。
奇塔奈	鄂齊爾伯父。順治十八年正月，襲。
阿喇納	奇塔奈子。康熙十一年三月，襲。
舒淑	達爾漢和碩奇弟之孫。康熙十五年八月，襲。
巴圖	舒淑父。康熙十六年六月，襲。
班達爾沙	巴圖叔父之孫。康熙十八年三月，併本身之一等阿達哈
蒙克	班達爾沙子。康熙三十三年三月，襲一等子。
恩忒亨	蒙克子。乾隆八年六月，襲。
鄂永武	恩忒亨子。乾隆十三年四月，襲。

三	
奇	歸，授三等梅勒章京。今漢文改爲三等男。
虎	
諾	勒章京。七年三月，恩詔加爲一等阿思哈尼哈番。今漢文改爲一等男。
哈	
	哈番，襲爲一等精奇尼哈番。今漢文改爲一等子。

等男

塔特魏徵 正黃旗滿洲。崇德三年，陣亡。贈三等梅勒章京。今漢文改爲三

尼齊 奇塔特魏徵子。崇德三年八月，襲。

木奇 虎尼齊子。崇德八年八月，襲。順治年，恩詔加至一等阿思哈尼哈番。今漢

木尚 諾木奇子。順治十二年八月，襲。十三年，因獲罪停襲。

	三等男	
等男。	許天寵	鑲黃旗漢軍。崇德三年，以同沈志祥投誠，授三
	許廷臣	許天寵子。康熙十七年六月，襲。二十四年，以罪
文改爲一等男。		

	三等男
等梅勒章京。今漢文改爲三等男。	達禮善　正黃旗滿洲。崇德四年，以
革，停襲。	六占　達禮善孫。康熙二十五年，襲。後
	代奇立　達禮善孫。康熙四十四年
	達桑阿　代奇立嗣子。雍正十年閏

軍功授三等甲喇章京。順治年，恩詔加至三等阿思哈尼哈番。今漢文改爲三等男。
追敍伊祖達禮善軍功，加爲二等阿思哈尼哈番。今漢文改爲二等男。以庸劣革。
十二月，以伊祖達禮善軍功，及三次恩詔所得之職，不可銷去，仍襲二等阿思哈尼
五月，襲。乾隆二年，子蘇隆阿降襲。

三等男	
阿什代巴圖魯鑲黃旗蒙古。崇德四	
顧穆阿什代巴圖魯子。康熙六年四月，襲。	
馬尼代顧穆叔父之孫。康熙三十八年七月，	哈番。今漢文改爲二等男。

年，以軍功授牛彔章京。尋加半個前程。恩詔加至一等阿達哈哈番。順治十七年十

襲。雍正四年，子吳爾圖那蘇圖降襲。

	三等男
二月，軍功加至三等阿思哈尼哈番。今漢文改爲三等男。	金聲遙 正白
	金玉成 金聲
	金鋠 金玉成子。

旗漢軍。崇德四年，以投誠授一等甲喇章京。順治九年正月，恩詔加至三等阿思哈
遙子。順治十六年九月，襲。
康熙十二年六月，襲。四十五年，子金啓瑞降襲。

三等男	
蘇班岱　鑲黃旗蒙古。崇德五年，以率戶	尼哈番。今漢文改為三等男。
白沖　蘇班岱子。順治十一年十月，襲。	
色冷嘉錫　白沖子。康熙七年四月，襲。	
色爾古冷　色冷嘉錫弟。康熙七年十	

口來歸，授三等甲喇章京。軍功加爲二等。順治九年正月，恩詔加至三等阿思哈尼

尋卒。

二月，襲。四十九年，子速與降襲。

三等男

譚布	正黃旗滿洲。崇德五年，以軍功授牛彔章	哈番。今漢文改爲三等男。
喀代	譚布子。康熙四年五月，襲。	
烏法	喀代子。康熙三十一年八月，襲。	
五雅祿	烏法子。康熙五十二年十一月，襲。坐	
興安泰	五雅祿兄之孫。乾隆十七年五月，襲。	
音登額	興安泰子。乾隆三十九年十二月，襲。	
六十三	音登額叔。乾隆四十五年十二月，襲。	
恭安	初名寧安。六十三繼子。嘉慶元年，襲。	
松壽	恭安子。	
濟焜	松壽繼子。	
札崑珠	濟焜繼子。光緒三十年，襲。	

京。尋加至一等阿達哈哈番，又一拖沙喇哈番。緣事革去拖沙喇哈番。恩詔加一拖

事革。

沙喇哈番。順治八年二月，軍功加爲三等阿思哈尼哈番。九年正月，恩詔加爲二等。

緣事降一等阿達哈哈番，又一拖沙喇哈番。又遇恩詔加爲三等阿思哈尼哈番。今

	漢文改爲三等男。

三等男

代都	正黃旗漢軍。本姓李。崇德七年，以軍功授半個
花色	代都子。順治十七年七月，襲。
李鑰	花色弟。康熙十七年，襲。雍正七年，子李裕德降

前程。尋加至三等甲喇章京，課績加爲二等。順治九年正月，恩詔加至三等阿思哈

襲。

三等男	
諾木奇 正黃旗蒙古。崇德七年九月，以	尼哈番。今漢文改爲三等男。
阿桑 諾木奇子。順治二年四月，襲。緣事降	

率戶口來歸，授三等梅勒章京。今漢文改爲三等男。

爲一等阿達哈哈番。恩詔加一拖沙喇哈番。今漢文改爲一等輕車都尉又一雲騎尉。

三等男
滿韜　鑲白旗蒙古。崇德七年，以父綽格圖率衆來歸，授三等甲喇章
那木僧格第　滿韜子。康熙十六年八月，襲。四十年，子官保降

京。恩詔加至一等，又一拖沙喇哈番。順治十三年五月，以軍功加爲三等阿思哈尼
襲。

	三等男
哈番。今漢文改爲三等男。	額對 鑲黃旗蒙古。崇德八年，積軍功授三等甲
	朱馬喇 額對子。康熙十年五月，襲。五十三年，

喇章京。順治二年，軍功加爲二等。九年正月，恩詔加至三等阿思哈尼哈番。今漢文
子費揚古降襲。

三等男	
賴達哈　鑲白旗滿洲。崇德八年，以登城功，授二等甲喇	改爲三等男。
蘇麻喇　賴達哈子。康熙十八年，襲。四十年，子馬德降襲。	

三等	
舒穆薩理禮爾	章京。順治年，恩詔加至三等阿思哈尼哈番。今漢文改為三等男。

男

渾	正黃旗滿洲。崇德八年，襲父扎福尼之牛彔章京。恩詔加至一等阿達哈哈番。
宏	舒理渾子。順治十八年閏七月，襲。
禪	穆禮宏子。康熙二十七年六月，襲。乾隆五年，子舒爾金降襲。

三等男	
線應琦	順治年，軍功加至三等阿思哈尼哈番。今漢文改爲三等男。
線應藻	
線桂線應	

正白旗漢軍。順治元年，以投誠授三等甲喇章京。軍功加爲二等。順治九年正月，恩
線應琦叔父之子。順治十年五月，襲。
藻孫。康熙二十三年六月，襲。六十年，子線承烈降襲。

	三等男
詔加至三等阿思哈尼哈番。今漢文改爲三等男。	夏景梅正白旗漢
	夏增夏景梅弟之子。

軍。順治元年，以投誠授三等甲喇章京。恩詔加至一等阿達哈哈番又一拖沙喇哈

康熙十六年五月，襲。四十六年，子夏長瀛降襲。

番。順治十七年十月，以軍功加爲三等阿思哈尼哈番。今漢文改爲三等男。

三等男

宜爾格德	正黃旗滿洲。順治二年，以軍功授牛彔章京。課績加半個
殷達理	宜爾格德子。順治十二年七月，襲。

前程。恩詔加爲三等阿達哈哈番。又以軍功加爲二等恩詔加至一等又一拖沙喇

三	
鮑	哈番。陣亡。順治十二年六月，贈三等阿思哈尼哈番。今漢文改爲三等男。
鮑	

等男	
敬	山西應州人。順治九年，以父承先功，封三等男。
鐸	敬孫。康熙三十六年，襲。

三等男	
李朝雲	鑲白旗漢
李人龍	李朝雲子。
李桂蘭	李人龍子。

三等	
路有	軍。順治五年八月，以投誠授三等梅勒章京。今漢文改爲三等男。
	康熙二年十月，襲。
	康熙三十年十二月，襲。四十五年，病歿。停襲。

男

良

鑲藍旗漢軍。順治三年，積軍功授三等甲喇章京。恩詔加至一等又一拖沙喇哈番。軍功加爲三等阿思阿尼哈番。今漢文改爲三等男。十五年，緣事革。無襲。

三等男	
韓文	鑲藍旗漢軍。順治五年八月，以投誠授三等阿思哈尼哈番。今漢文
韓佐周	韓文子。康熙十二年十二月，襲。三十五年，坐事革。停襲。

三等男	
許得功　鑲藍旗漢軍。順治五年八月以率衆投誠，授三	改爲三等男。
許國相　許得功孫。康熙十六年十二月，襲。二十四年，特	

等阿思哈尼哈番。今漢文改爲三等男。

旨停襲。

三等男

胡申布魯 正藍旗滿洲。順

愛音查 胡申布魯子。順治十

雅岱 愛音查子。康熙十九年八

僧保 雅岱子。康熙二十七年七

治三年，積軍功授牛彔章京。恩詔加至二等阿達哈哈番，又以軍功加至一等又一

八年正月，襲。有軍功。傷發，卒。晉贈二等阿思哈尼哈番，卽二等男。

月，襲。二十五年，因追敍伊父軍功，加爲二等阿思哈尼哈番。今漢文改爲二等男。

月，襲。坐事革。後降襲。

拖沙喇哈番。陣亡。順治十八年正月，加贈三等阿思哈尼哈番。今漢文改爲三等男。

三等男
喀爾塔喇　鑲白旗滿洲。順治三年，以軍功授半個前程。恩詔加爲拜
赫特赫　喀爾塔喇子。順治十二年七月，襲。陣亡。
格爾德　赫特赫弟。康熙二年正月，襲。五十一年，子格爾圖降襲。

他喇布勒哈番。又以軍功加一拖沙喇哈番，恩詔加至一等阿達哈哈番。陣亡。順治

三等男	
雅喇　正白	十二年六月，加贈三等阿思哈尼哈番。今漢文改爲三等男。
陽壽　雅喇	
夸喀　陽壽	

旗滿洲。順治三年，積軍功，授牛彔章京，兼半個前程。恩詔加至一等阿達哈哈番。順
弟之子。康熙十一年閏七月，襲。
子。康熙三十一年六月，襲。四十六年，子桓岱降襲。

三	
覺	治十三年閏五月，以軍功加至三等阿思哈尼哈番。今漢文改爲三等男。
覺	

等男

羅布古	鑲紅旗滿洲。順治四年，特恩授半個前程。恩詔加至三等阿達哈哈
羅額訥布	覺羅布古子。康熙二十五年四月，襲。雍正十三年四月，卒。無襲。

番。十八年，襲父覺羅布三之三等阿達哈哈番，併爲三等阿思哈尼哈番。今漢文改

	三等男
爲三等男。康熙二十五年二月，卒。	蘇魯邁正藍旗滿洲。積軍功授二
	孫塔哈蘇魯邁子。康熙元年十二

等甲喇章京。順治九年正月，恩詔加至三等阿思哈尼哈番。今漢文改爲三等男。卒。
月，襲。四十六年，子索杜降襲。

三等男		
趙之龍	鑲黃旗漢軍。順治五年八月，以投誠授三等阿思哈	諡勤勇。
趙清榑	趙之龍孫。順治十一年正月，襲。	
趙鐘岱	趙清榑叔。順治十四年九月，襲。	
趙清欐	趙鐘岱弟。康熙八年十二月，襲。	
趙仁	趙清欐子。康熙四十二年二月，襲。	
趙連璧	趙仁子。乾隆十二年十二月，襲。坐事革。	
趙連炎	趙連璧從弟。乾隆十八年十二月，襲。以病罷爵。	
趙永興	趙連炎子。乾隆三十一年十二月，襲。緣事革。	
趙坦	趙永興從兄。乾隆四十一年十二月，襲。	

三等男	
費雅思哈　正黃旗滿洲。順治五年，積	尼哈番。今漢文改爲三等男。
蘇旦　費雅思哈子。康熙十一年，十月，襲。	
蘇湖濟　蘇旦子。雍正十年，因蘇旦陣亡	

軍功授拜他喇布勒哈番又一拖沙喇哈番恩詔加至一等阿達哈哈番。軍功加至

所得騎都尉兼一雲騎尉，併爲三等男。

	三等男
三等阿思哈尼哈番。今漢文改爲三等男。卒。諡僖恪。	鄭嘉棟鑲白旗漢
	鄭仁瑞鄭嘉棟子。
	鄭佩蘭鄭仁瑞子。

三	
吳	軍。順治五年八月，以投誠授三等阿思哈尼哈番。今漢文改爲三等男。
吳	順治十六年三月，襲。
吳	康熙二十一年十一月，襲。四十四年，故。停襲。
吳	
吳	
吳	
吳	
慶	
吳	
瑞	

等男

學禮	鑲紅旗漢軍。順治五年，以同左夢庚投誠，授二等阿達哈哈番。十七年七
爾鼎	吳學禮子。康熙二年十一月，襲。以罪革。
子祥	吳爾鼎子。康熙二十三年六月，襲。
昌祖	吳子祥子。康熙四十四年六月，襲。坐事革。
文煌	吳昌祖弟之子。雍正七年三月，襲。
文煥	吳文煌從兄。乾隆十一年十二月，襲。
文燦	吳文煥弟。乾隆三十九年十二月，襲。
通	吳文燦子。嘉慶二年，襲。
慶泰	
麟	吳慶泰子。道光十一年，襲。

三等男	
劉麟圖鑲白	月，以軍功加至三等阿思哈尼哈番。今漢文改爲三等男。
唯圖劉麟圖子。	
鈞塞唯圖弟。康	

旗蒙古。原係山海關副將。順治五年八月，以來歸授三等阿思哈尼哈番。今漢文改
順治十六年十月，襲。
熙二十二年十二月，襲。四十年，子金降櫟襲。

爲三等男。

三等男

介桑札爾固齊　正藍旗滿洲。以自蒙古率戶口來歸，

賈杜　介桑札爾固齊子。順治六年二月，襲。九年正月，恩詔加至

陶番齊　賈杜子。康熙十八年二月，襲。

馬尼　陶番齊兄之子。康熙五十七年十二月，降襲三等阿思哈

宗杜克　馬尼子。乾隆四十年二月，襲。

舒敏　宗杜克子。乾隆五十二年，襲。

圖善　舒敏弟。

富昌　圖善子。

普林　富昌子。

玉堃　普林子。光緒六年，襲。

奎光　玉堃子。光緒二十四年，襲。

授三等阿思哈尼哈番。今漢文改爲三等男。
一等阿思哈尼哈番。今漢文改爲一等男。
尼哈番。今漢文改爲三等男。

三等男
阿哈旦　正黃旗滿洲。順
烏格　阿哈旦子。康熙二年，

治八年，襲兄費揚古之二等阿達哈哈番。恩詔加至一等阿達哈哈番又一拖沙喇

襲。乾隆二年，子興常降襲。

三等	
蔡祿	哈番。陣亡。康熙二年，加贈三等阿思哈尼哈番。今漢文改爲三等男。

男	三等男
順治十八年封。康熙十三年，叛，誅。	梁化鳳 陝西延安人。官蘇松總兵。
	梁鼎 化鳳子。康熙十二年，襲。晉二等。
	梁祚昌 鼎子。康熙二十三年，仍襲
	梁宏勳 祚昌子。康熙五十五年，襲。
	梁秉賜 宏勳子。乾隆二十四年，襲。
	梁秉眘 宏勳弟子。乾隆四十三年，
	梁翼之 咸豐六年，由三等男發雲

順治十六年，以保守江寧敗鄭成功，予輕車都尉。十八年，晉三等男。康熙十年十一

坐事削爵。

三等男。

襲。

南，以參將用。

月，卒於江南提督。贈少保，謚敏壯。

三等男

杜克	正白旗蒙古。康熙八年，襲父明
明福	杜克子。雍正元年六月，襲。乾隆

阿達理之一等阿達哈哈番又一拖沙喇哈番。三十六年七月，軍功加爲三等阿思

十八年，子永安降襲。

	三等男
哈尼哈番。今漢文改爲三等男。	巴雅爾鑲紅旗蒙古。康熙十二年，襲父
	戴通巴雅爾子。康熙三十年九月，襲。
	那親戴通姪。乾隆六年，襲。

桑圖	之一等阿達哈哈番又一拖沙喇哈番。阵三亡。十年九月，贈爲三等阿思哈尼

	三等男
哈番。今漢文改爲三等男。	高其倬 鑲黃旗漢軍。雍正二年，以盡心辦事，
	高恪 高其倬子。乾隆四年十二月，襲。
	高烺 高恪子。乾隆十五年十二月，襲。
	高坦 高烺子。乾隆十七年十二月，襲。
	高焜 高坦之叔。乾隆十八年十二月，襲。
	高垣 高焜子。乾隆四十二年十二月，襲。
	高維鐘 高垣子。嘉慶五年，襲。
	高士俊 高維鐘子。道光十三年，襲。

授拜他喇布勒哈番。八年九月，以相萬年吉地，封三等阿思哈尼哈番。今漢文改爲三等男。乾隆三年十月，卒。諡文良。

三等男

舒明	正黃旗蒙古。乾隆二十一年三
雅滿泰	舒明子。乾隆二十七年十
台興阿	雅滿泰姪。乾隆五十七年，
常慶	道光十三年，襲。
連瑛	常慶子。光緒七年，襲。
勳光	光緒三十一年，襲。

月，以軍功加封三等男。

二月，襲。五十七年十二月，革。

襲。

三等男

札克塔爾　四川番目。內務府正黃旗

常安　札克塔爾子。嘉慶十七年，襲。

滿洲。官護軍統領。嘉慶八年閏二月，以捕獲逆犯陳德，封三等男。十七年四月，卒。

三等男

鄂輝	正白旗滿洲。	嘉慶元年十二月，以勦匪教功，封三等男。三年六月，卒。
鄂彌善	鄂輝子。	嘉慶三年，襲。
慶寬	鄂彌善子。	
賽崇阿	慶寬子。	
穆都哩	賽崇阿子。	
宜格	穆都哩繼子。	光緒三十年，襲。

諡恪靖。

三等男

百齡　漢軍。嘉慶二十年，官兩江總督。以捕獲逆犯六榮升功，封

札拉芬　百齡子。

玉年

文濤　玉年子。同治五年，襲。

三等男	
西淩阿　正白旗滿洲。官察哈爾都統。咸豐六年，以	三等男。二十一年，卒。
托克通阿　西淩阿子。	
德蘭泰　托克通阿子。光緒十二年，襲。	

北路肅清功封。	三等男
	德成 三等子明寶承繼子。乾隆十八年四月，降襲三等男。

三等男
黃翼升 湖南長沙人。同治二年，由淮揚鎮總兵論克復蘇州功，予雲騎
黃宗炎 翼升子。光緒年，襲。
黃恆

尉。三年，論克金陵功，予一等輕車都尉。七年，張總愚平，再加一雲騎尉，併爲三等男

三等男	
宋慶 山東蓬萊人。同治七年，由	爵。光緒十年，卒於長江水師提督。謚武靖。
宋天傑 慶子。光緒三十年，襲。	

三

彭

彭

湖南提督論平張總愚功，予一等輕車都尉。十二年，十八卒。封三等男爵。

等男

鯨秀	鯨橘挺
橘	湖南湘鄉人。記名布政使。同治三年，論克金陵功，予一等輕車都尉。尋補
挺	鯨橘子。同治年，襲。

福建汀漳龍道。同治六年二月，以勦東捻，陣亡湖北蘄水。贈內閣學士，諡忠壯，予騎

都尉。尋併爲三等男。	三等男
	胡子勳 湖南益陽人。原任湖北巡撫胡林翼嗣子。
	胡祖蔭 子勳子。光緒二十三年，襲。

以應襲一等輕車都尉及騎都尉，併爲三等男。

同治八年，襲。